UNSER LICHTENBERG

Herausgegeben von Inge Traxler
Bilder von Hans Traxler

Insel Verlag

Insel-Bücherei Nr. 1434

© Insel Verlag Berlin 2017

Ich sagte bei mir selbst: das kann ich unmöglich glauben, und während dem Sagen merkte ich, daß ichs schon zum zweitenmal geglaubt habe.

„Mutter unser, die du bist im Himmel."

Keine Erfindung ist wohl dem Menschen leichter geworden als die eines Himmels.

Ich glaube kaum, daß es möglich sein wird zu erweisen, daß wir das Werk eines höchsten Wesens, und nicht vielmehr zum Zeitvertreib von einem sehr unvollkommenen sind zusammengesetzt worden.

Es ist doch fürwahr zum Erstaunen, daß man auf die dunkeln Vorstellungen von Ursachen den Glauben an einen Gott gebaut hat, von dem wir nichts wissen, und nichts wissen können, denn alles Schließen auf einen Urheber der Welt ist immer Anthropomorphismus.

Gott schuf den Menschen nach seinem Bilde, das heißt vermutlich, der Mensch schuf Gott nach dem seinigen.

Unsere Theologen wollen mit Gewalt aus der Bibel ein Buch machen, worin kein *Menschenverstand* ist.

Ist es nicht sonderbar, daß jedermann sein eigener Arzt, auch sein eigener Advokat sein darf, sobald er aber sein eigener Prister sein will, so schreit man Jammer und Weh über ihn und die Götter der Erde mischen sich darein.

Es wäre vielleicht gut, bei den metaphysischen Beweisen von der Existenz Gottes die Wörter unendlich ganz zu vermeiden, oder sie wenigstens nicht eher zu gebrauchen, als bis man erst in der Sache klar ist.

Ich bin überzeugt, daß, wenn Gott einmal einen solchen Menschen schaffen würde, wie ihn sich die Magistri und Professoren der Philosophie vorstellen, er müßte den ersten Tag ins Tollhaus gebracht werden.

Daß Gott, oder was es ist, durch das Vergnügen im Beischlaf den Menschen zur Fortpflanzung gezogen hat, ist doch bei Kants höchstem Prinzip der Moral auch zu bedenken.

Der liebe Gott muß uns doch recht lieb haben, daß er immer in so schlechtem Wetter zu uns kommt.

Nicht eher an die Ausarbeitung zu gehen, als bis man mit der ganzen Anlage zufrieden ist, das gibt Mut und erleichtert die Arbeit.

„Allzeit: Wie könnte dieses besser gemacht werden?"

Wenn Religion der Menge schmecken soll, so muß sie notwendig etwas vom Hautgout des Aberglaubens haben.

„Die Katholiken bedenken nicht, daß der Glaube der Menschen sich auch ändert."

Die Haare stehen einem zu Berge, wenn man bedenkt, was für Zeit und Mühe auf die Erklärung der Bibel gewendet worden ist. Und was wird am Ende der Preis dieser Bemühungen nach Jahrhunderten oder -tausenden sein? Gewiß kein anderer als der: Die Bibel ist ein Buch von Menschen geschrieben, wie alle Bücher. Von Menschen, die etwas anderes waren als wir, weil sie in etwas andern Zeiten lebten; etwas simpler in manchen Stücken waren als wir, dafür aber auch sehr viel unwissender; daß sie also ein Buch sei, worin manches Wahre und manches Falsche, manches Gute und manches Schlechte enthalten ist. Je mehr eine Erklärung die Bibel zu einem gewöhnlichen Buche macht, desto besser ist sie, alles das würde auch schon längst geschehen sein, wenn nicht unsere Erziehung, unsere unbändige Leichtgläubigkeit und die gegenwärtige Lage der Sache entgegen wären.

Man könnte die katholische Religion die Gottfresserin nennen.

Ich glaube, man lästert den Namen Christi, wenn man die katholische Religion, so wie sie in Spanien und Portugal herrscht, unter der christlichen nennt.

Solche Leute schützen eigentlich das Christentum nicht, sie lassen sich aber dadurch schützen.

Sollten es nicht die guten Menschen sein, die die Religion verehren; anstatt daß die Religion die guten Menschen macht?

Wenn die feinen Leute fragen: Gott weiß warum? So ist es immer ein sicheres Zeichen, daß sie außer dem lieben Gott noch einen großen Mann kennen, der es auch weiß.

Wenn du glücklich sein willst, so halte dich um Himmels willen mit deinem Fuhrwerk auf der Chaussee, denn sonst riskierst du, daß dir die Pfaffen die Pferde ausspannen.

Keine Klasse von Stümpern wird von den Menschen mit größerer Nachsicht behandelt als die prophetischen.

„Von dem Ruhm der berühmtesten Menschen gehört immer etwas der Blödsichtigkeit der Bewunderer zu."

Ich kenne die Miene der affektierten Aufmerksamkeit, es ist der niedrigste Grad von Zerstreuung.

Ist es nicht sonderbar, daß man das Publikum, das uns lobt, immer für einen kompetenten Richter hält; aber sobald es uns tadelt, es für unfähig erklärt, über Werke des Geistes zu urteilen?

Mein Mißtrauen gegen den Geschmack unserer Zeit ist bei mir vielleicht zu einer tadelnswerten Höhe gestiegen. Täglich zu sehen, wie Leute zum Namen Genie kommen wie die Keller Esel (Asseln) zum Namen Tausendfuß, nicht weil sie so viele Füße haben, sondern weil die meisten nicht bis 14 zählen wollen, hat gemacht, daß ich keinem mehr ohne Prüfung glaube.

Um über gewisse Gegenstände mit Dreistigkeit zu schreiben, ist es fast notwendig, daß man nicht viel davon verstehe …

»Jedes nach seiner Art« ist eine Regel, die den Kritiker überall leiten soll.

Wer seine Talente nicht zur Belehrung und Besserung anderer anwendet, ist entweder ein schlechter Mann oder äußerst eingeschränkter Kopf. Eines von beiden muß der Verfasser des leidenden Werthers sein.

Kantische Philosophie ohne Kants Ausdrücke in praktischen Abhandlungen angebracht, würde gewiß seiner Philosophie Beifall erwerben.

Es ist ein Fehler, den der bloß witzige Schriftsteller mit dem ganz schlechten gemein hat, daß er gemeiniglich seinen Gegenstand eigentlich nicht erleuchtet, sondern ihn nur dazu braucht, sich selbst zu zeigen.

Es ist schade, daß man bei Schriftstellern die gelehrten Eingeweide nicht sehen kann, um zu erforschen, was sie gegessen haben.

Unter den heiligsten Zeilen des Shakespeare wünschte ich, daß diejenigen einmal mit Rot erscheinen mögen, die wir einem zur glücklichen Stunde getrunkenen Glas Wein zu danken haben.

London, den 19. April 1770

… Ich habe in meinem Leben sehr viel schöne Frauenzimmer gesehen, aber seitdem ich in England bin, habe ich mehrere gesehen als in meinem ganzen übrigen Leben zusammengenommen, und doch bin ich nur zehn Tage in England. Ihr außerordentlich netter Anzug, der einer Göttingischen Obstfrau einiges Gewicht geben könnte, erhebt sie noch mehr. Die Aufwärterin, die mir täglich Feuer im Kamin macht und mein Bett wärmt (mit der Bettpfanne, versteht sich, Gevatter!), kommt zuweilen mit einem schwarzen, zuweilen mit einem weißen seidenen Hut … in die Stube, trägt ihre Bettpfanne mit soviel *Grace* als manche deutsche Dame den Parasol, kniet sich vor dem Bette … mit einer *Nonchalance* nieder … und spricht dabei ein Englisch, wie es in Euren besten englischen Büchern kaum steht, Gevatter! Wenn Euer Herz etwas aushalten kann, so kommt herüber, ich stehe Euch dafür, Ihr sollt das Englische weghaben, ehe Euch das Bette vierzigmal ist gewärmt worden …

(an Johann Christian Dieterich)

„Unsre Erde ist vielleicht ein Weibchen."

London, 17.4.1770

Heute vor acht Tagen bin ich endlich hier … in dieser ungeheuren Stadt angelangt. Es ist unglaublich, was die Menge von neuen Gegenständen, die ich nicht sogleich immer in meinem Kopf unterzubringen wußte, für eine Wirkung auf mich gehabt hat … Ich habe die See, etliche Kriegsschiffe von vierundsiebenzig Kanonen, den König von England in seiner ganzen Herrlichkeit mit der Krone auf dem Haupt im Parlamentshaus, Westminster-Abtei mit den berühmten Gräbern, die Pauls-Kirche, den *Lord Mayor* in einem großen Aufzug und unter dem Gedränge von vielen Tausenden, die alle *huzza*, *God bless him*, *Wilkes* und *liberty* schrien, gesehen, und zwar alles in einer Woche. Euer Wohlgeboren werden mir gern glauben, daß dieses alles auf einmal für eine so eingezogene Seele wie die meinige eben das sein muß, was für meinen Körper eine Woche von Doktorschmäusen und Hochzeitsfesten ohne Ruhe und Schlaf sein würden. Außerdem lebe ich hier in einem Hause, wo ich keine Zeit und Ruhe habe, mich zu sammeln … Ich muß mich des Tags zweimal ankleiden, speise um halb fünf zu mittag und oft um halb zwölf zu nacht, gewöhnlich in großen Gesellschaften. Geht man aus, so ist die Zerstreuung auf der Straße noch größer, das ungeheure Getöse überall und die Menge von Dingen, wohin man nur sieht, das Gedränge von Chaisen und von Menschen sind Ursache, daß man gemeiniglich spät oder wohl gar nicht dahin

kommt, wo man will … Man hat mich hier so aufgenommen und begegnet mir mit einer Achtung, die ich auf keine Art erwarten konnte, aber ich muß mich dafür zu einer Lebensart gewöhnen, die ich im Künftigen nie brauchen kann, und wozu es überhaupt mit mir zu spät ist und die ich äußerst hasse …
(an Christian Gottlob Heyne)

London, 19.4.1770
… Ich hoffe, bald wieder zurück zu sein, weil ich meine Rechnung nicht so finde, wie ich glaubte, unerachtet ich so recht lebe, was ein Darmstädtischer Oberförster glückselig nennen würde, und ich wünsche jeden fetten, ehrlichen Mann, der auf Essen und Trinken reist, an meine Stelle. Mit einem Wort, ich lebe (wider meinen Willen, das ist das Schlimmste) recht kurfürstlich und bin überzeugt, wenn ich einen Sommer so fortlebte, so könnte mein Geschmack vielleicht überstimmt werden und in eine ewige Dissonanz mit meinem Beutel geraten … Soeben, da ich meinen Brief schließe, schickt der König seinen Kammerdiener an mich und läßt mir zu wissen tun, daß er seinen Astronomen besondere Order erteilt habe, mir alles genau zu zeigen, und daß ich mich nächsten Sonntag nach Richmond begeben soll.
(an Johann Christian Dieterich)

DAS SEEBAD

Einige flüchtige Bemerkungen eines Laien in der Heilkunde, der seinem Aufenthalte zu Margate die gesündesten Tage seines Lebens verdankt

… Was aber außer der Heilkraft jenen Bädern einen so großen Vorzug vor den inländischen gibt, ist der unbeschreibliche Reiz, den ein Aufenthalt am Gestade des Weltmeeres in den Sommermonaten zumal für den Mittelländer hat.
… Man besteigt ein zweirädriges Fuhrwerk, einen Karren, der ein von Brettern zusammengeschlagenes Häuschen trägt, das zu beiden Seiten mit Bänken versehen ist. Dieses Häuschen, das einem sehr geräumigen Schäferkarren nicht unähnlich ist, hat zwei Türen, eine gegen das Pferd und den davor sitzenden Fuhrmann zu, die andere nach hinten. An die hintere Seite ist eine Art von Zelt befestigt, das wie ein Reifrock aufgezogen und herabgelassen werden kann … An der hinteren Tür findet sich eine schwebende, aber feste Treppe, die den Boden nicht ganz berührt. Über dieser Treppe ist ein freihändiges Seil befestigt, das bis an die Erde reicht und den Personen zur Unterstützung dient, die, ohne schwimmen zu können, untertauchen wollen oder sich sonst fürchten. In dieses Häuschen steigt man nun, und während der Fuhrmann nach der See fährt, kleidet man sich aus. An

Ort und Stelle, die der Fuhrmann sehr richtig zu treffen weiß, indem er das Maß für die richtige Tiefe am Pferde nimmt und es bei Ebbe und Flut, wenn man lange verweilt, durch Fortfahren oder Hufen immer hält, läßt er

Lichtenberg
in Brighton

das Zelt nieder. Wenn also der ausgekleidete Badegast die hintere Tür öffnet, so findet er ein sehr schönes, dichtes leinenes Zelt, dessen Boden die See ist, in welche die Treppe führt. Man faßt mit beiden Händen das Seil und steigt hinab. Wer untertauchen will, fällt auf die Knie, wie die Soldaten beim Feuern im ersten Gliede, steigt alsdann wieder herauf, kleidet sich bei der Rückreise wieder an usw. ... Nach meinem Gefühl war es vollkommen hinreichend, drei- bis viermal kurz hintereinander im ersten Glied zu feuern und dann auf die Rückreise zu denken. Beim ersten Mal wollte ich, um seinen eigenen Körper erst kennenzulernen, raten, nur einmal unterzutauchen und dann sich anzukleiden und nie die Zeit zu überschreiten, da die angenehme Glut, die man beim Aussteigen empfindet, in Schauder übergeht …

(aus »Warum hat Deutschland noch kein großes, öffentliches Seebad?«, Göttinger Taschenkalender vom Jahr 1793)

Kew, 30.10.1774
Du siehst an der Überschrift, daß ich mich an dem Ort aufhalte, wo die königliche Familie residiert. Ich wohne aber nicht allein in dem Ort, sondern in einem königlichen Hause neben dem Prinzen Ernst, speise an einem königlichen Tisch mit der Frau von Hagedorn, der jetzigen Vertrauten der Königin und dem Grafen von Laßberg allein. Bin alle Tage einige Stunden beim König und der Königin und habe Erlaubnis, mich so lange hier aufzuhalten, als es mir gefällt, nach der Stadt oder auf das Land zu gehen und wieder hierher zu kommen, Gebrauch von dem Observatorium zu machen; kurz, ich bin vielleicht in vielen Stücken einer der glücklichsten Untertanen des Königs. *(an Johann Christian Dieterich)*

London, 15.2.1775
… Vorgestern abend war ich über eine Stunde bei dem König und der Königin ganz allein in einem kleinen, vortrefflichen Kabinett, die Königin ganz mit Juwelen behangen und der König in einem gestickten Kleid mit dem Orden über dem Rock in unbeschreiblicher Majestät. Und diesen Morgen nach neun Uhr habe ich der Königin schon wieder aufwarten müssen. Sie war in einer *Dormeuse* und schwarzen Salopp ganz *en famille*.

(an Johann Christian Dieterich)

London, 17.3.1775
An einem Tage in dieser Woche, da alle Planeten zugleich am Himmel standen, war ich mit dem Könige auf zwei Stunden auf dem Dache des Observatoriums. Ich habe ihn nie so munter und aufgeräumt gesehen. Unter anderem, als ich einmal sehr ernsthaft durch einen Tubus sah, hielt er aus Scherz seinen Hut vor das Objektivglas, und da ich die Ursache der Verfinsterung nicht sogleich entdeckte, so lachte er nicht wenig über meine Verwirrung …
(an Christian Gottlob Heyne)

London, 2.11.1775
Heute morgen um zehn Uhr ist der König in meinem Hause bei mir gewesen. Heinrich, der ihn auf die Haustür zugehen sah, lief in der größten Bestürzung nach derselben und öffnete sie. Der König fragte ihn auf deutsch: »Ist der Professor zu Haus?« Ich warf in der anderen Stube meinen Rock an, allein die Schuhe steckte ich mit hängenden Strümpfen nur bloß wie Pantoffel an die Füße und steckte die Riemen unter. So kam ich heraus und hatte eine Unterredung mit ihm, die über eine Viertelstunde dauerte. Hast Du je so etwas gehört?
(an Johann Christian Dieterich)

Kew, 16.10.1775

… Ich habe Oxford, Birmingham und Bath besehen. Wer die letzten beiden Orte nicht gesehen hat, darf kaum sagen, daß er in England gewesen ist. Diese Reise habe ich ohne Bedienten, ohne Koffer und selbst ohne Portemonnaie getan, sondern ich ging nach London, legte da in einem Winkel meinen Glanz ab und bestieg, wie ein Webergeselle, mit ein paar reinen Hemden und Halsbinden in einem Schnupftuch, den Postwagen und kam, ohne aufgegessen worden zu sein, wieder hierher. Was ich auf dieser Tour gesehen habe zu beschreiben, ist kaum für einen Brief. Ich führe nur an, daß ich Herrn Boltons berühmte Manufaktur oder ganzes System von Manufakturen zu Soho in Staffordshire bei Birmingham gesehen habe, wo täglich siebenhundert Menschen Knöpfe, Uhrketten, Stahlschnallen, Degengefäße, Etuis, alle Arten von Silberarbeiten, Uhren, alle nur ersinnlichen Zieraten aus Silber, Tombak und anderen Kompositionen, Dosen pp. machen. Jeder Arbeiter hat da nur ein ganz kleines Feld vor sich, daß er also gar nicht nötig hat, Stellung und Werkzeuge zu verändern, wodurch eine unglaubliche Menge Zeit gewonnen wird … Von hier ging ich nach Mrs. Baskerville und besah die weltberühmte Schriftsetzerei und Druckerei. Ihr Mann ist tot. Die Druckerei wird sie aufgeben, allein die Schriftgießerei fortsetzen, bis sie alles verkaufen kann. Diese Frau wohnt vor der Stadt in einem Hause von Gärten umgeben, deren sich kein Prinz zu schämen hätte, überall sieht man Reichtum mit Geschmack und doch mit der Bescheidenheit eines vernünftigen Kaufmanns, der ihn erworben hat, gezeigt. Sie empfing mich mit ungemeiner Höflichkeit, und als sie fand, daß ich ein Bewunderer ihres Mannes war, so schenkte sie mir nicht allein einige Exemplare ihrer Schriftproben, wovon ich eins schon an Dieterich geschickt habe, sondern auch ein *Common Prayer Book*, das ihr Mann gedruckt hat und das nun rar geworden ist, und traktierte mich mit Madeira und Toast. Birmingham ist ein sehr großer und volkreicher Ort, wo fast alles hämmert, klopft, reibt und meißelt. Bath ist der schönste Ort, den ich in England und fast überhaupt noch gesehen habe, aber ich muß hier abbrechen, sonst komme ich auf diesem Bogen nicht von Bath nach Hause. Doch noch etwas. Mr. Hornsby, der Professor Astronomiae zu Oxford hat mich zwei Tage in seinem Hause gehabt … Das Observatorium übertrifft das Richmondsche ebenso weit als dieses das Göttingische.

(an Johann Andreas Schernhagen)

London, 12.11.1775

… Am letzten Tage, da ich bei dem König war, war ich auf drei Stunden bei ihm. Beim Weggehen sagte er mir allerlei, das mir ewig unvergeßlich sein wird, schenkte mir einige Bücher und zwölfhundert Taler an Geld. Als etwas Ungewöhnliches und als eine besondere Gnade und Herablassung wird es angesehen, daß er es mir nicht hat auszahlen lassen, sondern eigenhändig übergeben hat. Ich gehe nicht gerne nach Göttingen und glaube kaum, daß ich vergnügt da werde leben können, und grüße alle Freunde. *(an Johann Christian Dieterich)*

London, 16.11.1775
… Ich wünsche nur, daß Du einmal einen solchen Londonschen Tag wie den heutigen sehen könntest. Es regnet, als wenn die Engel glaubten, es brennte hier unten, und eine Steinkohlendampfwolke hat sich so dick in meiner Straße niedergelassen, daß ich, um meinen Augen keine Gewalt anzutun, indem ich dies schreibe (um halb elf des Vormittags), ein Licht brenne. Wenn die unbeschreiblich schönen, treuherzigen, bei aller Gelegenheit hilfreichen Bettwärmerinnen nicht hier wären, so wollte ich wetten, die Engländer gingen alle aus England, des Winters wenigstens. *(an Johann Christian Dieterich)*

Die feinste Satire ist unstreitig die, deren Spott mit so wenig Bosheit und so vieler Überzeugung verbunden ist, daß er selbst diejenigen zum Lächeln nötigt, die er trifft.

„Man kann wirklich nicht wissen, ob man nicht jetzt im Tollhaus sitzt."

Die geschnitzten Heiligen haben in der Welt mehr ausgerichtet als die lebendigen.

„Mit größerer Majestät hat noch nie ein Verstand stillgestanden."

Er hatte sich in den lieben Gott verliebt.

Eine einzige Seele war für seinen Leib zu wenig, er hätte zweien zu tun geben können.

Ich habe schon lange gedacht, die Philosophie wird sich noch selbst fressen. Die Metaphysik hat sich zum Teil schon selbst gefressen.

Von einem französischen Atheisten, der Esprit hat, wird verlangt, daß er sich nur bei schmerzlichen Krankheiten und auf dem Todbette bekehrt. Unsere hingegen bekehren sich gemeiniglich bei jedem Donnerwetter.

Der Aberglaube gemeiner Leute rührt von ihrem frühen und allzu eifrigen Unterricht in der Religion her.

Die gefährlichsten Unwahrheiten sind Wahrheiten, mäßig entstellt.

Daß ich etwas, ehe ich es glaube, erst durch meine Vernunft laufen lasse, ist mir nicht ein Haar wunderbarer, als daß ich erst etwas im Vorhof meiner Kehle kaue, ehe ich es hinunter schlucke.

Wenn ich je eine Predigt drucken lasse, so ist es über das Vermögen, Gutes zu tun, das jeder besitzt. Der Henker hole unser Dasein hienieden, wenn nur der Kaiser Gutes tun könnte. Jeder ist ein Kaiser in seiner Lage.

Wo Mäßigung ein Fehler ist, da ist Gleichgültigkeit ein Verbrechen.

Es ist ein großer Unterschied zwischen etwas *noch* glauben und es *wieder* glauben. *Noch* glauben, daß der Mond auf die Pflanzen wirke, verrät Dummheit und Aberglaube, aber es *wieder* glauben, zeigt von Philosophie und Nachdenken.

Ich kann mir gar wohl vorstellen, daß es Wesen geben könnte, für die die Ordnung des Weltgebäudes eine Musik ist, wonach sie tanzen können, während der Himmel aufspielt.

Ach, was wollten *wir* anfangen, sagte das Mädchen, wenn der liebe Gott nicht wäre.

Jedes Mädchen ist die Verwalterin der weiblichen Mysterien. Es gibt Stellen, wo Bauernmädchen aussehen wie Königinnen; das gilt von Leib und Seele.

„In der Sprache von Otaheiti
heißt **Erai** die Sonne, **erai** der Himmel
und **Erao** das weibliche Glied."

Es ist sehr reizend, ein ausländisches Frauenzimmer unsere Sprache sprechen und mit schönen Lippen Fehler machen zu hören. Bei Männern ist es nicht so.

Es ist schade, daß die feurigen Mädchen nicht von den schönen Jünglingen schreiben dürfen, wie sie wohl könnten, wenn es erlaubt wäre. So ist die männliche Schönheit noch nicht von denjenigen Händen gezeichnet, die sie allein recht mit Feuer zeichnen könnten.

Menschliche Wollust, das höchste Werk des Vollkommenheit suchenden Himmels.

Ist es denn so unrecht, daß der Mensch wieder durch die nämliche Pforte zur Welt hinausgeht, durch die er hereingekommen ist?

Stade, den 19. Mai 1773

Hochedelgeborene, hochzuehrende Mamsell! Vergangene Nacht in der Stunde, wo außer Gespenstern nur Reisende, Kranke und Verliebte allein noch wachen, bin ich von Hamburg hier gesund angelangt … Um halb acht des Abends lagen wir schon Stade gegenüber, allein wir konnten wegen der Ebbe nicht einlaufen, und um wieder einigen Anlauf des Wassers zu haben, warteten wir die Gespensterstunde herbei. In Hamburg habe ich mich fünfeinhalb Tag aufgehalten. Was ich da gesehen und für Vergnügen genossen habe, läßt sich besser erzählen als schreiben. Alles Vergnügen, was die größte Mannigfaltigkeit schöner Gegenstände, als die schönen Gärten in voller Blüte, die unabsehbare Menge von Schiffen aller Nationen, gute Gesellschaft, guter Wein und eine gute Tafel gewähren kann, habe ich diese wenigen Tage, die ich, einige andere ausgenommen, unter die schönsten meines Lebens rechne, genossen. Mehr kann ich jetzt nicht sagen, vielleicht wird eine weitere Ausführung der Gegenstand künftiger Briefe oder gar, welches der Himmel geben wolle, künftiger Unterredungen mit Ihnen, werteste Freundin.

(Brief an Marie Tietermann, Haushälterin im Gasthaus zum Römischen Kaiser, Osnabrück)

Die Indianer nennen das höchste Wesen *Pananad* oder den Unbeweglichen, weil sie selbst gerne faulenzen.

Der Amerikaner, der den Columbus zuerst entdeckte, machte eine **böse** Entdeckung."

Ich bin sehr viel mitleidiger in meinen Träumen als im Wachen.

„Es hat mir oft geträumt,
ich äße gekochtes Menschenfleisch."

Osnabrück, Februar 1773

Ich weiß nicht, ob Du den großen gelben Hosenknopf gekannt hast, den ich voriges Jahr zuoberst an meinen Hosen trug. Es war der einzig metallene an meinem ganzen Leibe. Er hat mich nie verlassen. Seit 1769 versah er diese Stelle mit einer für einen Hosenknopf bewundernswürdigen Treue und Ernst. Da ich hier merkte, daß ihm der Dienst sauer wurde, so adjungierte ich ihm einen neuen Modeknopf, der ehemals auf Swantons Uniform gesessen hatte, das Regiment liegt jetzt in Minorka. Dieses nahm er übel. Im Dezember fing er an zu klagen und den Kopf zu hängen, und gestern Nachmittag zwischen drei und vier zerriß das Band, das uns über drei Jahre aneinandergeknüpft hatte, und er lag vor mir auf der Erde. Ich nahm den armen Teufel auf und sah ihn eine Zeitlang an mit einem Mitleid, als wenn er mein Nebengeschöpf gewesen wäre.

(an Johann Christian Dieterich)

„Er hatte seinen beiden Pantoffeln Namen gegeben."

Der Dachziegel mag manches wissen, was der Schornstein nicht weiß.

In dem Hause, wo ich wohnte, hatte ich den Klang und die Stimmung jeder Stufe einer alten hölzernen Treppe gelernt und zugleich den Takt, in dem sie jeder meiner Freunde, der zu mir wollte, schlug, und, ich muß gestehen, ich bebte allemal, wenn sie von einem Paar Füßen in einem mir unbekannten Ton heraufgespielt wurden.

Es regnet allemal, wenn´s Jahrmarkt ist oder wenn wir Wäsche trocknen wollen. Was wir suchen, ist immer in der letzten Tasche.

Wenn ich sage, halte deine Zähne rein und spüle den Mund alle Morgen aus, das wird nicht so leicht gehalten, als wenn ich sage, nehme die beiden Mittelfinger dazu und zwar über Kreuz. Des Menschen Hang zum Mystischen. Man nütze ihn.

Wenn der Mensch die Nägel nicht abschnitte, so würden sie unstreitig sehr lang wachsen und er dadurch zu allerlei Verrichtungen ungeschickt werden, die ihm jetzt Ehre machen. Diese Verstümmelung ist also unstreitig von großem Nutzen gewesen. Ich habe daher immer das Nägelkauen als einen Instinkt betrachtet, sich auszubilden.

Es wäre vortrefflich, wenn sich ein Katechismus oder eigentlich ein Stundenplan erfinden ließe, wodurch die Menschen vom dritten Stande in eine Art von Biber verwandelt werden könnten. Ich kenne kein besseres Tier auf Gottes Erdboden: Es beißt nur, wenn es gefangen wird, ist arbeitsam, äußerst matrimonial, kunstreich und hat ein vortreffliches Fell.

Was würde eine Nachtigall machen, der man um die Schlagezeit die Ohren zuklebte?

Er war sonst ein Mensch wie wir, nur mußte er stärker gedrückt werden, um zu schreien. Er mußte zweimal sehen, was er bemerken, zweimal hören, was er behalten sollte, und was andere nach einer einzigen Ohrfeige unterlassen, unterließ er erst nach der zweiten.

Ein doppelter Louisdor ist zuverlässig mehr als zwei einzelne.

Anstatt uns einander zu genießen, brachten wir die Zeit mit größtenteils vergeblichen Bemühungen zu, klüger zu scheinen, als wir wirklich waren.

„In der Vernunft ist der Mensch, in den Leidenschaften Gott."

Der oft unüberlegten Hochachtung gegen alte Gesetze, alte Gebräuche und alte Religion hat man alles Übel in der Welt zu danken.

„Unsre Welt wird noch so fein werden,
daß es so lächerlich sein wird, einen Gott
zu glauben als heutzutage Gespenster."

Die Künste üben die Empfindung und Phantasie und verfeinern sie. Diese Fähigkeiten aber und ihre Vervollkommnung sind zur Erreichung des Zwecks menschlicher Natur unentbehrlich, wir mögen nun diese in die Glückseligkeit oder in die Ausübung der Tugend setzen.

Daß die Seele nach dem Tode übrigbleibt, ist gewiß erst geglaubt und danach bewiesen worden. Dieses zu glauben, ist nicht seltsamer, als Häuser für einen einzigen Mann zu bauen, worin ihrer hundert Platz haben, ein Mädchen, eine Göttin und ein gekröntes Haupt unsterblich zu nennen.

Es gibt eine Art von transzendentaler Ventriloquenz, wodurch Menschen können glauben gemacht werden, etwas, was auf Erden gesagt ist, käme vom Himmel.

Sie sprechen für ihre Religion nicht mit der Mäßigung und Verträglichkeit, die ihnen ihr großer Lehrer mit Tat und Worten predigte, sondern mit dem zweckwidrigsten Eifer philosophischer Sektierer und mit einer Hitze, als wenn sie unrecht hätten. Es sind keine Christen, sondern Christianer.

Ventriloquenz = Bauchrednerei

Es verrät wenig Weisheit bei manchen Leuten, daß sie sich über die religiösen Gebräuche anderer lustig machen; sie beweisen durch ihre Aufführung, daß sie den ganzen Sinn der Bibel nicht fassen.

Man kann nicht genug beherzigen, daß die Existenz eines Gottes, die Unsterblichkeit der Seele und dergleichen bloß gedenkbare, aber nicht erkennbare Dinge sind. Es sind Gedankenverbindungen, Gedankenspiele, denen nichts Objektives zu korrespondieren braucht.

Sind wir nicht auch ein Weltgebäude, so gut als der Sternenhimmel, und eines, das wir besser kennen sollten und besser kennen könnten, sollte man denken, als das dort oben?

Glaubt ihr denn, daß der liebe Gott katholisch ist?

Jedermann sollte wenigstens so viel Philosophie und schöne Wissenschaften studieren, als nötig ist, um sich die Wollust angenehmer zu machen. Merkten sich dieses unsere Landjunker, Hofkavaliere, Grafen und andere, sie würden über die Wirkung eines Buchs erstaunen. Sie würden kaum glauben, wie sehr Wieland den Champagner erhöht, seine häufige Rosenfarbe, sein Silberflor, seine leinenen Nebel würden ihnen selbst den Genuß eines guten elastischen Dorfmädchens mehr sublimieren.

„Schlankheit gefällt wegen des besseren Anschlusses beim Beischlaf und der Mannigfaltigkeit der Bewegung."

Ein gesunder Appetit und die damit gemeiniglich verbundene Hochachtung gegen das Frauenzimmer.

Die schönen Weiber werden heutzutage unter die Talente ihrer Männer gerechnet.

Aus der Mätresse eines Mannes läßt sich viel auf den Mann schließen, man sieht in ihr seine Schwachheiten und seine Träume. *Es socio* wird man nicht halb so gut erkannt wie als *ex socia*.

Es erleichtert die Korrespondenz, wenn man weiß, daß der Korrespondent eine schöne Frau hat.

Selbst die sanftesten, bescheidensten und besten Mädchen sind immer sanfter, bescheidener und besser, wenn sie sich vor dem Spiegel schöner gefunden haben.

Wer einen Engel sucht und nur auf die Flügel schaut, könnte eine Gans nach Hause bringen.

Wer eine alte Tante zu beerben gedenkt, der mache ja keine Satiren auf Frauenzimmer über Fünfzig, aber desto derbere auf alle unter Vierzig.

NEUJAHRSWUNSCH FÜR JOHANN CHRISTIAN DIETERICH

Ein Püppchen wünsch ich dir, doch wahrlich nicht zur Schwester,
Nicht groß, nicht klein, nicht mager und nicht dick,
Ihr Kleid aus Evas himmlischen Manchester,
Beinkleiderchen und West aus einem Stück.

Es gibt einen Zustand, der wenigstens bei mir nicht sehr selten ist, da man die Gegenwart und Abwesenheit einer geliebten Person gleich wenig ertragen kann; wenigstens bei der Gegenwart nicht das Vergnügen empfindet, welches man, aus der Unerträglichkeit der Abwesenheit zu schließen, von ihr erwarten sollte.

Kein Wort im *Evangelio* ist mehr in unsern Tagen befolgt worden als das: *Werdet wie die Kindlein.*

„Wenn auch das Gehen auf zwei Beinen dem Menschen nicht natürlich ist, so ist es gewiß eine Erfindung, die ihm Ehre macht."

Der Mann hatte soviel Verstand, daß er zu fast nichts auf der Welt mehr zu gebrauchen war.

„Hast du **selbst** gedacht, so wird deine Erfindung einer schon erfundenen Sache das Zeichen des Eigentümlichen in sich tragen."

Es hätte etwas aus seinen Ideen gemacht werden können, wenn sie ihm ein Engel zusammengesucht hätte.

Um an etwas zu zweifeln, ist freilich oft bloß nötig, daß man es nicht versteht. Diesen Satz wollen einige Herren gar zu gern umkehren, indem sie behaupten, man verstehe ihren Satz nicht, wenn man ihn bezweifelt.

Es gibt Leute, die glauben, alles wäre vernünftig, was man mit einem ernsthaften Gesicht tut.

Durch das häufige Beobachten nach Regeln, in der Absicht etwas erfinden zu wollen, bekommt die Seele endlich unvermerkt eine verwünschte Leichtigkeit, das Natürliche zu übersehen.

Nicht Größe des Geistes, sondern des Windes hat ihn zu dem Mann gemacht.

Er hing noch auf der dortigen Universität, wie ein schöner Kronleuchter, auf dem aber seit zwanzig Jahren kein Licht mehr gebrannt hat.

Gewissen Menschen ist ein Mann von Kopf ein fataleres Geschöpf als der deklarierteste Schurke.

Es ist sehr wenig Anstrengung nötig, etwas zu sagen, das eine ganz beträchtliche erfordert, es zu verstehen. Hingegen erfordert es außerordentlich viel Talent, einem vernünftigen Mann etwas Neues und Wichtiges so leicht vorzutragen, daß er sich freut, es zu wissen, und sich schämt, es nicht selbst bemerkt zu haben.

Man macht jetzt so junge Doktoren, daß Doktor und Magister fast zur Würde der Taufnamen gediehen sind. Auch bekommen die, denen diese Würden erteilt werden, sie oft wie die Taufnamen, ohne zu wissen, wie.

Ich kenne die Leute wohl, die Ihr meint, sie sind bloß Geist und Theorie und können sich keinen Knopf annähen.

Jetzt sucht man überall Weisheit auszubreiten, wer weiß, ob es nicht in ein paar hundert Jahren Universitäten gibt, die alte Unwissenheit wieder herzustellen.

Es donnert, heult, brüllt, zischt, pfeift, braust, saust, summet, brummet, rumpelt, quäkt, ächzt, singt, rappelt, prasselt, knallt, rasselt, knistert, klappert, knurret, poltert, winselt, wimmert, rauscht, murmelt, kracht, gluckset, röchelt, klingelt, bläst, schnarcht, klatscht, lispeln, keuchen, es kocht, schreien, weinen, schluchzen, krächzen, stottern, lallen, girren, hauchen, klirren, blöken, wiehern, schnarren, scharren, sprudeln. Diese Wörter und noch andere, welche Töne ausdrücken, sind nicht bloße Zeichen, sondern eine Art von Bilderschrift für das Ohr.

„Ich habe noch niemanden gefunden, der mir nicht gesagt hätte: Es wäre eine angenehme Empfindung, Stanniol mit einer Schere zu schneiden."

Ich habe jemanden gekannt, der sich die Tage der Woche unter besonderen Figuren dachte, worunter er sogar einmal den Mittwochen auf den Tisch zeichnete.

Wenn ich Fenster einwerfe, so geschieht es immer mit Dreigroschenstücken.

Er kann sich einen ganzen Tag in einer warmen Vorstellung sonnen.

Er war ein solch aufmerksamer Grübler, ein Sandkorn sah er immer eher als ein Haus.

Es war ihm unmöglich, die Wörter nicht in dem Besitz ihrer Bedeutung zu stören.

Ich weiß nicht, woher es kommt, aber das Wort *Jonisch* drückt bei mir sehr viel mehr aus als im Lexikon steht.

Despaviladera heißt eine Lichtputze auf spanisch. Man sollte glauben, es hieße wenigstens ein kaiserlicher Generalfeldmarchalllieutenant.

Man sollte *Katharr* schreiben, wenn er bloß im Halse und *Katarrh*, wenn er auf der Brust sitzt.

Eine Empfindung, die mit Worten ausgedrückt wird, ist allzeit wie Musik, die ich mit Worten beschreibe, die Ausdrücke sind der Sache nicht homogen genug …

Wenn er sprach, so fielen in der ganzen Nachbarschaft die Mäusefallen von selbst zu.

Es gibt manche Leute, die nicht eher hören, als bis man ihnen die Ohren abschneidet.

Er vernünftelte mich ganz aus meiner Vernunft heraus.

Er trug den Kopf auf einer Seite wie Alexander, wie dem Cervantes stund ihm immer der Hosenlatz offen, und wie Montaigne konnte er nicht rechnen, weder mit Ziffern noch mit Zahlpfennigen.

Er las immer Agamemnon statt »angenommen«, so sehr hatte er den Homer gelesen.

Ein großes Licht war der Mann eben nicht, aber ein großer (bequemer) Leuchter. Er handelte mit anderer Leute Meinungen.

Ich habe einmal in Stade eine Ruhe mit einem heimlichen Lächeln in dem Gesicht eines Kerls erblickt, der seine Schweine glücklich in eine Schwemme gebracht hatte, worein sie sonst ungern gingen, desgleichen ich sonst nie wieder gesehen habe.

„Das ist eine Arbeit, wobei sich glaube ich,
die Geduld selbst die Haare ausrisse."

Wie herrlich würde es nicht um die Welt stehen, wenn die großen Herren den Frieden wie ihre Mätresse liebten, sie haben für ihre Person zuwenig vom Kriege zu fürchten.

„Große Leute fehlen auch, und manche darunter so oft, daß man fast in Versuchung geräte, sie für kleine zu halten."

MERKWÜRDIGE BELAGERUNG UND EINNAHME EINER ZUCKERDOSE DURCH EIN CORPS AMEISEN

Die Geschichte dieser Belagerung ist aus der Reisebeschreibung des berühmten Astronomen Le Gentil gezogen, und also im strengsten Verstand wahr, ein Vorzug, den nicht alle Belagerungsgeschichten haben, die öfters, wie man sagt, durch eine Art von Erbsünde etwas von den Gebrechen ihrer aller Mutter der Trojanischen an sich tragen sollen. Der Vorfall ist merkwürdig, schön und wohl gar einer dichterischen Behandlung fähig. Vielleicht schenkt auch ein witziger Kopf, der dieses liest, diesen kleinen sechsbeinigen Helden ein kleines Denkmal in irgendeinem Musenalmanach. …

Ein Corps von Ameisen wagte es, zwischen den Jahren 1761 und 69 dem Herrn Le Gentil seine Zuckerdose in Indien wegzunehmen und zu plündern. Sobald er Wind davon bekam, war er darauf bedacht, die Dose zu befestigen, und zwar versah er sie förmlich mit Wall und Graben, auf folgende Weise: Er setzte die Dose in eine etwas tiefe Schüssel und goß die Schüssel voll Wasser, so daß also die Ameisen, wenn sie die Dose einnehmen wollten, erstlich einen überhängenden Wall (den Rand der Schüssel) zu erklettern, dann einen Graben mehr als 50 Ameisenlängen breit zu überschwimmen hatten, wobei es ohne Verlust nicht abgehen konnte, und endlich mußten sie noch durch und durch naß den Hauptwall ersteigen. Alles dieses schreckte sie nicht ab. Der bedeckte Weg ward in kurzer Zeit von einer unzähligen Menge erstiegen, als sie aber an den Graben kamen, stutzten sie nicht wenig, und es ließ, als ob sie die Sache aufgeben wollten, allein es fanden sich bald beherztere, die, ohne sich zu bedenken, in den Graben sprangen und versuchten, überzuschwimmen; sie ertranken aber alle. Den Zurückgebliebenen, die also ihre Kameraden erbärmlich ertrinken sahen, benahm dieses den Mut nicht, es sprangen immer mehrere hinein, so daß endlich der ganze Graben mit Leichen bedeckt war. Dieses war es, was sie verlangten, nämlich das ganze Corps marschierte nun trocknen Fußes über die schwimmenden Leichen, als eine Brücke über den Graben, weg, erstieg den Hauptwall und plünderte die Dose. Hätte wohl eine Legion mazedonischer Veteranen mehr für ihren Alexander tun können, wo es darauf ankam, für ihn irgendeine persische Zuckerdose zu plündern? *(Göttinger Taschenkalender vom Jahr 1786)*

Ein gewisser Freund, den ich kannte, pflegte seinen Leib in drei Etagen zu teilen, den Kopf, die Brust und den Unterleib, und er wünschte öfters, daß sich die Hausleute der obersten und der untersten Etage besser vertragen könnten.

„Nach einem dreißigjährigen Krieg mit sich selbst
kam es endlich zu einem Vergleich,
aber die Zeit war verloren."

Wenn sich mein Geist erhebt, fällt mein Leib auf die Knie.

Nichts muntert mich mehr auf, als wenn ich etwas Schweres verstanden habe, und doch suche ich sowenig Schweres verstehen zu lernen. Ich sollte es öfter versuchen.

Wenn jemand etwas sehr gerne tut, so hat er fast immer etwas in der Sache, was die Sache nicht selbst ist.

Wenn ich doch Kanäle in meinem Kopfe ziehen könnte, um den inländischen Handel mit meinem Gedankenvorrate zu befördern! Aber da liegen sie zu Hunderten, ohne einander zu nützen.

Ich bin mehrmals wegen begangener Fehler getadelt worden, die mein Tadler nicht Kraft oder Witz genug hatte, zu begehen.

Ich habe durch mein ganzes Leben gefunden, daß sich der Charakter eines Menschen aus nichts so sicher erkennen läßt, wenn alle Mittel fehlen, als einem Scherz, den er übelnimmt.

Ich habe mir zur Regel gemacht, daß mich die aufgehende Sonne nie im Bett finden sollte, solange ich gesund bin. Es kostet mich nichts als das Machen, denn ich habe es bei Gesetzen, die ich mir selbst gab, immer so gehalten, daß ich sie nicht eher festsetzte, als bis mir die Übertretung fast unmöglich war.

Einer der merkwürdigsten Züge in meinem Charakter ist gewiß der seltsame Aberglaube, womit ich aus jeder Sache eine Vorbedeutung ziehe und in einem Tag hundert Dinge zum Orakel mache … Jedes Kriechen eines Insekts dient mir zu Antworten über Fragen über mein Schicksal. Ist das nicht sonderbar von einem Professor der Physik?

Meine Hypochondrie ist eigentlich eine Fertigkeit, aus jedem Vorfalle des Lebens, er mag Namen haben, wie er will, die größtmögliche Qualität Gift zu eigenem Gebrauch auszusaugen.

Am 10. Oktober 1793 schickte ich meiner lieben Frau aus dem Garten eine künstliche Blume aus abgefallenen bunten Herbstblättern. Es sollte mich in meinem jetzigen Zustand darstellen; ich ließ es aber nicht dabei sagen.

Charakter einer mir bekannten Person
Ihr Körper ist so beschaffen, dass ihn auch ein schlechter Zeichner im Dunkeln besser zeichnen würde, und stünde es in ihrem Vermögen, ihn zu ändern, so würde sie manchen Teilen weniger *Relief* geben.

Bei mir liegt das Herz dem Kopf wenigstens um einen ganzen Schuh näher als bei den übrigen Menschen, daher meine große Billigkeit. Die Entschlüsse können noch ganz warm ratifiziert werden.

Herr *Ljungberg* würde mich so schildern: Er hat kein böses Herz, er ist im äußersten Grad flüchtig und seine Maximen, die er zuweilen äußert, sind nur für eine Stunde gemünzt, in der nächsten verschlägt er sie wieder. Er hat zuweilen gute Gedanken und er kann ziemlich vergnügt sein und hat es in seiner Gewalt, es zu sein. Ob er wohl wirklich seine Freunde liebte?

Er liebte Pfeffer und gezackte Linien.

MARIA DOROTHEA STECHARD

Mein allerliebster Freund! Das heiße ich fürwahr deutsche Freundschaft, liebster Mann. Haben Sie tausend Dank für Ihr Andenken an mich. Ich habe Ihnen nicht gleich geantwortet, und der Himmel weiß, wie es bei mir gestanden hat! Sie müssen der erste sein, dem ich es gestehe. Ich habe vorigen Sommer, bald nach Ihrem letzten Brief den größten Verlust erlitten, den ich in meinem Leben erlitten habe. Was ich Ihnen sage, muß kein Mensch erfahren. Ich lernte im Jahr 1777 (die sieben taugen wirklich nicht) ein Mädchen kennen, eine Bürgerstochter aus hiesiger Stadt, sie war damals etwas über 13 Jahr alt, ein solches Muster von Schönheit und Sanftmut hatte ich in meinem Leben noch nicht gesehen, ob ich gleich viel gesehen habe. Das erste Mal, da ich sie sah, befand sie sich in einer Gesellschaft von 6 bis 8 andern, die, wie die Kinder hier tun, auf dem Wall den Vorbeigehenden Blumen verkaufen. Sie bot mir einen Strauß an, den ich kaufte. Ich hatte 3 Engländer bei mir, die bei mir aßen und wohnten. *God almighty*, sagte der eine, *what a handsome girl is this*. Ich hatte das ebenfalls bemerkt, und da ich wußte, was für ein Sodom unser Nest ist, so dachte ich ernstlich dieses vortreffliche Geschöpf von einem solchen Handel abzuziehn. Ich sprach sie endlich allein und bat sie, mich im Hause zu besuchen; sie ginge keinem Purschen auf die Stube, sagte sie. Wie sie aber hörte, daß ich ein Professor wäre, kam sie an einem Nachmittage mit ihrer Mutter zu mir. Mit einem Wort, sie gab den Blumenhandel auf und war den ganzen Tag bei mir. Hier fand ich, daß in dem vortrefflichen Leib eine Seele wohnte, grade so, wie ich sie längst gesucht, aber nie gefunden hatte. Ich unterrichtete sie im Schreiben und Rechnen und in anderen Kenntnissen, die, ohne eine empfindsame Geckin aus ihr zu machen, ihren Verstand immer mehr entwickelten. Mein physikalischer Apparat, der mich über 1500 Taler kostet, reizte sie anfangs durch seinen Glanz und endlich wurde der Gebrauch davon ihre einzige Unterhaltung. Nun war unsre Bekanntschaft aufs höchste gestiegen. Sie ging spät weg und kam mit dem Tage wieder, und den ganzen Tag über war ihre Sorge, meine Sachen, von der Halsbinde an bis zur Luftpumpe, in Ordnung zu halten, und das mit einer so himmlischen Sanftmut, deren Möglichkeit ich mir vorher nicht gedacht hatte. Die Folge war, was Sie schon mutmaßen werden, sie blieb von Ostern 1780 an ganz bei mir. Ihre Neigung zu dieser Lebensart war so unbändig, daß sie nicht einmal die Treppe hinunterkam, als wenn sie zur Kirche und zum Abendmahl ging. Sie war nicht wegzubringen. Wir waren ständig beisammen. Wenn sie in der Kirche war, so war es mir, als hätte ich meine Augen und alle meine Sinne weggeschickt. Mit einem Wort – sie war ohne priesterliche Einsegnung (verzeihen Sie mir, bester, liebster Mann, diesen Ausdruck) meine Frau. Indessen konnte ich diesen

Engel, der eine solche Verbindung eingegangen war, nicht ohne die größte Rührung ansehn. Daß sie mir alles aufgeopfert hatte, ohne vielleicht ganz die Wichtigkeit davon zu fühlen, war mir unerträglich. Ich nahm sie also mit an Tisch, wenn *Freunde* bei mir speisten, und gab ihr durchaus die Kleidung, die ihre Lage erforderte, und liebte sie mit jedem Tage mehr. Meine ernstliche Absicht war, mich mit ihr auch vor der Welt zu verbinden, woran sie nun nach und nach mich zuweilen zu erinnern anfing. O du großer Gott! und dieses himmlische Mädchen ist mir am 4ten August 1782 abends mit Sonnen-Untergang *gestorben*. Ich hatte die besten Ärzte, alles, alles in der Welt ist getan worden. Bedenken Sie, liebster Mann, und erlauben Sie mir, daß ich hier schließe. Es ist mir unmöglich, fortzufahren. G. C. Lichtenberg

Zerreißen Sie diesen Brief und behalten bloß das Andenken an ihn, als ein Zeichen meiner Freundschaft gegen Sie, der sich unter allen meinen Schulbekannten allein meiner erinnert hat.

(Brief an Gottfried Hieronymus Amelung, Göttingen Anfang 1783)

DER FURCHTABLEITER

Er hat sich nichts vormachen lassen, am wenigsten von sich selbst, und als er 1780 die Göttinger mit dem ersten Blitzableiter in ihrer Stadt durcheinanderbrachte, den er auf seinem Gartenhaus installieren ließ, gab er ihm nach dessen insgeheimer Bedeutung den Namen Furchtableiter. Lichtenberg hat uns viele weitere Furchtableiter hinterlassen in seinen »Sudelbüchern«, Briefen und Tagebuchnotizen: solche von der Religion und vom Kleinmut, von der Krankheit und vom Tod, vom falschen Stolz und vorschnellen Urteil, vom übertriebenen Ernst und komischen Alltag. Der Herr Professor der Philosophie und Hofrat Georg Christoph Lichtenberg, der Astronom, Elektrizitäts- und Luftfahrtforscher, der Experimentalphysiker und Landvermesser, der Hof- und Bademeister, der Kalendermacher und Hypochonder war stets auf der Höhe seiner Zeit und ihr oft weit voraus, und das ist er bis heute geblieben: »Ist es nicht abscheulich, dass sich der Mensch gewöhnt hat, Dinge zur Nahrung oder zur Befriedigung seiner Leckerhaftigkeit zu wählen, die von seiner eigenen Gartenmauer an gerechnet ein paar tausend Meilen entfernt wachsen?« Oder auch, für die »Helikopter-Eltern«: »Es gibt heutzutage so viele Genies, dass man recht froh sein soll, wenn einem einmal der Himmel ein Kind beschert, das keines ist.«

Lichtenberg spottet und rühmt, mahnt und klagt, reist

und schwimmt, liebt und genießt, glaubt und zweifelt, leidet und trauert, er versteht und widerspricht, empört und begeistert sich. Nichts und niemand ist ihm zu groß oder zu gering. Der Mann, der seinen Pantoffeln und einem Ofen Namen gibt, verkehrt und korrespondiert mit den Großen seiner Zeit, lebt monatelang als Gast des englischen Königs auf dessen Landsitz in Kew oder reist allein durchs Land: »Ich habe in England bald wie ein Lord und bald wie ein Handwerksbursche gelebt.«

Am 1. Juli 1742 als jüngstes von 17 oder 18 Kindern (die Quellen sind sich nicht einig) des Ober-Ramstädter Pfarrers und späteren Darmstädter Superintendenten Johann Conrad Lichtenberg und seiner Frau Henriette Katharina geb. Eckhardt geboren, trat Georg Christoph Lichtenberg als Zehnjähriger in die Tertia des renommierten Darmstädter Pädagogiums ein, schrieb sich zehn Jahre später, versehen mit einem Stipendium des hessischen Landgrafen als Student der Mathematik und Physik in Göttingen ein und wird schon bald Assistent seines verehrten Lehrers Abraham Gotthelf Kästner.

Er kehrt nie mehr zurück, trotz seiner Ernennung als »2. Professor in der Mathematik« an der hessischen Landesuniversität Gießen im August 1767 und der nachdrücklichen Einforderung des »echappierten« Professors durch das Haus Hessen-Darmstadt an das Haus Hannover 1771. Da hatte der entlaufene Darmstädter schon längst seinen neuen Landesherrn, den Hobby-Astronomen, Herzog von Hannover und englischen König Georg III. in dessen Observatorium in Richmond getroffen. Der sorgte dafür, dass Lichtenberg am 26. Juni 1770 zum außerordentlichen Professor in Göttingen ernannt wurde und außerdem die geographischen Positionen von Hannover, Osnabrück und Stade bestimmte.

Seine zweite Englandreise trat Lichtenberg 1774 schon als hochgeehrter Wissenschaftler an, er bleibt fast anderthalb Jahre im Land seines Herzens und trifft dort neben der königlichen Familie und anderen Adligen die Teilnehmer der 2. Weltreise von Captain Cook, darunter Vater und Sohn Forster, die ihm Erstaunliches über Otaheiti (Tahiti) berichten, weltweit namhafte Wissenschaftler, erfahrene Londoner Mechaniker, die ihn wegen seiner steten Suche nach neuen physikalischen Apparaten interessieren, und den berühmten Shakespeare-Mimen Garrick. Er nimmt an gesellschaftlichen Veranstaltungen teil und lässt sich durch das Londoner Stadtleben treiben, besucht Theater und Museen und lernt in den Badeorten Margate, Bath und Brighton das Seebad kennen, das er so begeistert wie vergeblich für Cuxhaven empfiehlt. Es wird stattdessen mit einiger Verspätung an der Ostsee nachgeahmt und begründet bis heute den Ruf von Bad Doberan.

Zurück in Göttingen, entwickelt Lichtenberg neben der mathematisch-astronomischen Forschung seinen »elektrischen Enthusiasmus«, später experimentiert er auch mit »aerostatischen Maschinen« und lässt unter großer Anteilnahme der Bevölkerung Drachen und Ballons steigen. In seine Vorlesungen drängen sich die Studenten, hier blitzt und donnert es, strahlen elektrische Sonnen, schweben Luftkugeln durch den Saal. Des Professors didaktisches Konzept: »In Collegiis über die Experimentalphysik muss man etwas spielen; der Schläfrige wird dadurch erweckt, und der wachende Vernünftige sieht Spielereien als Gelegenheiten an, die Sache unter einem neuen Gesichtspunkt zu betrachten.« Es schadet auch nichts, wenn »ein paar Fensterscheiben dabei zu Grunde gehen«.

Seine Apparaturen pflegt ihm seit 1777 das »Blumenmädchen« Maria Dorothea Stechard, seine große Liebe, deren früher Tod ihn in tiefstes Leid stürzt. Später wird er mit Margarete Keller acht Kinder haben und den Vorteil der Ehe auch damit begründen, dass man unerwünschte Besucher an die Gattin verweisen kann. Bei aller Zuneigung: Auch diese Ehe beginnt als Furchtableiter. An einem Nervenfieber erkrankt und den Tod fürchtend, heiratet er am Abend des 5. Oktober 1789 die Mutter seiner damals zwei Kinder, um sie versorgt zu wissen. Sie hat ihn um fast 50 Jahre überlebt.

Neben der Gattenliebe kommt die Erotik nicht zu kurz, noch in seinen letzten Jahren, raunen Lichtenberg-Forscher, habe er ein »Grapschverhältnis« unterhalten. Das wird ihm nicht ganz gerecht, Lichtenberg ehrt die Frauen unabhängig von Stand und Rang, seiner Zeit gemäß die »Aufwärterinnen« mehr als die gebildeten Professorentöchter, die »Göttinger Gänse«. Natürlich verlässt ihn auch auf diesem Gebiet seine scharfe Beobachtung nicht: »Schlankheit gefällt wegen des besseren Anschlusses im Beischlaf und der Mannigfaltigkeit der Bewegung.« Lichtenbergs dauerhafteste Auseinandersetzung betrifft Kirche und Religion, und um hier die außerordentliche Souveränität und Weitherzigkeit des Pfarrersohns angemessen zu würdigen, muss man sich den kleinen großen Mann in den Kniehosen und der Perücke seiner Zeit vorstellen. Noch einer, der damals ein neues Zeitalter begann, in der Musik, trug Kniehosen und Zopf sein Leben lang, der acht Jahre ältere Joseph Haydn, der Lichtenberg um zehn Jahre überlebte und erst als Pensionär keinen Fürsten Esterhazy mehr um Reiseerlaubnis bitten musste. Da war die Französische Revolution schon eine Weile her.

Ob sie voneinander wussten, ist nicht bekannt, getroffen haben sie sich nie. Es hätte auch nur in London sein können, wo man beide feierte und verehrte – Haydn allerdings erst Anfang und Mitte der 1790er Jahre. Lichtenberg schafft ihre Verbindung auch ohne Begegnung, obwohl er behauptete, von Musik nichts zu verstehen, nur sehr schön pfeifen zu können: »Es ist mit dem Witz wie mit der Musik, je mehr man hört, desto feinere Verhältnisse verlangt man.« Die Meister in ihren Metiers und Brüder in der Spitzbüberei verdanken London wichtige Anregungen und ähnliche Erlebnisse. Katholik Haydn entwickelt hier die Idee zum Oratorium »Die Schöpfung« und bekennt später: »Ich war nie so fromm als während der Zeit, da ich an der Schöpfung arbeitete.« Aufklärer Lichtenberg hatte 20 Jahre vorher ein Erweckungserlebnis: »Ich habe bei protestantischem Kopf und Herzen in den Hallen eines katholischen Tempels bei heiliger Musik und unter dem Donner der Pauken die Tritte des Allmächtigen zu hören geglaubt und Tränen der Andacht geweint. Mit unaussprechlicher Wollust denke ich noch an den Tag zurück, da ich in Westminster Abbey, über den Staub der Könige wandelnd, bei mir selbst die Worte betete, *Ehe, denn die Berge worden und die Welt geschaffen worden bist du Gott von Ewigkeit zu Ewigkeit …*«

»Wenn die Erinnerung an die Jugend nicht wäre, so würde man das Alter nicht verspüren.« Das galt leider nicht für Lichtenberg selbst. Schuld war die Rachitis, an der er als Kind erkrankt war und die ihm die Wirbelsäule verkrümmte. Im Rücken trieb sich ein Höcker heraus, nach vorn wölbten sich die Rippen, und im Lauf der Jahre nahm die Enge im verkürzten Rumpf mehr und mehr zu, immer längere Krankheitsphasen nährten neben dem nie versiegenden Spott Melancholie und Hypochondrie. Mit »er« meint er wie oft sich selbst: »Allein die Krankheiten, die er zu haben glaubte, waren eine beträchtliche Zahl 1) ein *marasmus senilis*, ob er gleich nur 46 Jahr alt war 2) ein Anfang von der Wassersucht 3) ein convulsivisches Asthma 4) ein schleichendes Fieber 5) die Gelbsucht 6) die Brustwassersucht 7) fürchtete er eine Apoplexie 8) eine *Paralyse* der rechten Seite 9) glaubte er, die großen Arterien und Venen wären verknöchert 10) er hätte einen *Polypus* im Herzen, 11) ein Geschwür in der Leber und 12) Wasser im Kopf. Wer dieses liest, sollte fast glauben, die 12) wäre die einzig gegründete Furcht gewesen. 13) *Diabetes.*«

Er starb am 24. Februar 1799 an keiner dieser Krankheiten, sondern an der schweren Erkältung, die ihn jedes Frühjahr niederwarf und sich diesmal zur Lungenentzündung ausgeweitet hatte. Bis zuletzt noch hatte er sich um den »Göttinger Taschenkalender« gekümmert, den er im Verlag seines Freundes, Hausherrn und Verlegers Johann Christian Dieterich seit 1777 herausgab. Einen letzten Furchtableiter verfasste er am Vorabend des Todes: Sein Testament.

Als man ihn zu Grabe trug, sollen mehrere Nebensonnen am Himmel erschienen sein.

Inge Traxler

ANMERKUNGEN

Die Briefempfänger:

Gotthilf Hieronymus Amelung (1742-1800), Pfarrer in Gersfeld, Rhön, Schulfreund aus Darmstadt

Johann Christian Dieterich (1722-1800), Verlagsbuchhändler, Drucker, Freund und Hausherr in Göttingen, u. a. Verleger des »Göttinger Taschenkalenders« und des »Göttingischen Magazins der Wissenschaft und Literatur«, beide herausgegeben von Lichtenberg, der damit seine Miete zahlte

Christian Gottlob Heyne (1729-1812), Professor der Beredsamkeit und Dichtkunst, Direktor der Universitätsbibliothek Göttingen, Herausgeber der Göttinger Gelehrten Anzeigen

Johann Andreas Schernhagen (1722-1785), Hannoverscher Beamter, Rechnungsführer der Universitätskasse Göttingen, Liebhaber der Physik und Astronomie

Der Gastgeber:

Georg III. (1738-1820), Herzog von Hannover aus dem Haus Braunschweig-Lüneburg (jüngere Linie), Kurfürst des Heiligen Römischen Reichs deutscher Nationen und in Personalunion König von Großbritannien und Irland, ab 1788 geisteskrank, später wahnsinnig

Der auf Seite 80 erwähnte Herr Ljungberg:
Jöns Matthias Ljungberg (1748-1812), schwedischer Mathematiker und Astronom, ab 1770 Professor der Mathematik in Kiel, später hoher wissenschaftlicher und politischer Beamter in Kopenhagen, Studienfreund aus Göttingen

Die Herausgeberin Inge Traxler und Georg Christoph Lichtenberg haben sich immer wieder haarscharf verfehlt. Beide lebten zeitweise zwei Kilometer voneinander, sie in Nieder-, er in Ober-Ramstadt. Beide gingen zweihundert Meter voneinander in Darmstadt zur Schule, er ins Bubengymnasium Pädagog, sie ins Mädchengymnasium Viktoriaschule. Beide entschieden sich gegen ein Studium in Gießen und sind vom selben Jahrgang, nur zweihundert Jahre voneinander. Ihre davon unbehelligte Gleichaltrigkeit ging Inge Traxler auf, als ihr während des Studiums die Gedankenbücher Lichtenbergs in einer Ausgabe des Heidelberger Lothar Stiehm Verlags in die Hände fielen. Zahllose Eselsohren zeugen von einem langen Zusammenleben.

Der Zeichner Hans Traxler kam 1992 mit Georg Christoph Lichtenberg in beruflichen Kontakt, als er aufgefordert wurde, sich an einer von WP Fahrenberg kuratierten Ausstellung zu Lichtenbergs 250. Geburtstag in Göttingen zu beteiligen. Das kam ihm sehr gelegen, denn der Darmstädter Freidenker war seit Jahren »unser Hausgott und Stichwortgeber. Seine Haltung in religiösen Fragen hat mich immer inspiriert«. Sechs Exponate aus der Göttinger Ausstellung hat Hans Traxler für dieses Buch neu gezeichnet, getreu Lichtenbergs Mahnung: »Allzeit: Wie könnte dieses besser gemacht werden?« Alle übrigen Zeichnungen entstanden für dieses Buch und erscheinen zum ersten Mal.

Zu dieser Ausgabe:

Lichtenbergs Schreibweise wurde in Orthographie und Zeichensetzung behutsam aktualisiert.
Als Reverenz an seine Hochschätzung des englischen Druckers und Typographen John Baskerville (1706-1775) wurde dieses Buch in der Baskerville Monotype Pro gesetzt.

2. Auflage 2019. © Insel Verlag Berlin 2017. Alle Rechte vorbehalten, insbesondere das der Übersetzung, des öffentlichen Vortrags sowie der Übertragung durch Rundfunk und Fernsehen, auch einzelner Teile. Kein Teil des Werks darf in irgendeiner Form (durch Fotografie, Mikrofilm oder andere Verfahren) ohne schriftliche Genehmigung des Verlages reproduziert oder unter Verwendung elektronischer Systeme verarbeitet, vervielfältigt oder verbreitet werden. Bezugspapier: Hans Traxler, Frankfurt am Main. Gesetzt in der Schrift Baskerville Monotype Pro. Gedruckt auf holzfreies, alterungsbeständiges mattgestrichenes Papier der Firma Papier Union, Hamburg, von der Memminger MedienCentrum AG. Gebunden in Fadenheftung von der Josef Spinner Großbuchbinderei GmbH, Ottersweier. Printed in Germany. Erste Auflage 2017. ISBN 978-3-458-19434-7